Guillermo Otero
Nadia Quiroga

El desafío de la adoración

Guillermo Otero
Nadia Quiroga

El desafío de la adoración

Herramientas para potenciar tu Ministerio de adoración

CREDO EDICIONES

Imprint
Any brand names and product names mentioned in this book are subject to trademark, brand or patent protection and are trademarks or registered trademarks of their respective holders. The use of brand names, product names, common names, trade names, product descriptions etc. even without a particular marking in this work is in no way to be construed to mean that such names may be regarded as unrestricted in respect of trademark and brand protection legislation and could thus be used by anyone.

Cover image: www.ingimage.com

Publisher:
CREDO EDICIONES
is a trademark of
International Book Market Service Ltd., member of OmniScriptum Publishing Group
17 Meldrum Street, Beau Bassin 71504, Mauritius

Printed at: see last page
ISBN: 978-613-0-33901-2

El desafío de la adoración

Guillermo y Nadia Otero

Contenido

Presentación

Todos sabemos que la adoración no es solamente música, que es un estilo de vida, que no solamente adoramos cuando estamos en el culto, sino que tiene que ver con la integralidad de toda nuestra vida. Desde hace tiempo este nuevo concepto de adoración está arraigado en las iglesias y en los equipos de adoración.

Sin embargo, nuestra madurez como cristianos y como adoradores no va a estar determinada por cuánto sepamos de la adoración o cuantos conceptos correctos manejemos sino por cuanto podemos aplicarlos.

El desfasaje entre lo que se sabe de adoración y lo que se vive de la adoración es realmente preocupante y muestra una falta de crecimiento y madurez en este área.

Detrás de cada acto, de cada forma, de cada cuestión practica de la adoración en nuestras iglesias se encuentran las verdaderas ideas que sostenemos de la adoración. Dios no está interesado en tomarnos un examen teórico acerca de la adoración, sino que él conoce nuestros corazones y nuestras vidas.

Este libro surge de ver las necesidades de los ministerios de adoración en varias iglesias, surge de la urgencia de entender qué es lo que estamos haciendo, surge como herramienta para poder analizar nuestro ministerio y aún nuestra iglesia y sus ideas y prácticas acerca de la adoración.

En muchas oportunidades los miembros de un ministerio tienen distintos conceptos acerca de qué es la adoración y de cómo se debe implementar en una reunión, en un ensayo o en un ministerio. La idea de este breve libro es poder analizar minuciosamente cada parte del ministerio, encontrar los puntos débiles que se tengan y poder fortalecerlos para poder vivir una adoración como iglesia que sea del agrado de Dios. Al fin de cuentas, de eso se trata ¿o no?

Guillermo y Nadia Otero
guilleynady@hotmail.com

1 | ¿De qué se trata la adoración?

Se trata de Dios

Parece una obviedad decir que la adoración se trata de Dios, pero a veces lo "obvio" por estar tan cerca lo perdemos de vista y dejamos de percibirlo. La adoración en la iglesia, como parte del culto conlleva tantas cosas (manejar el sonido, el ensayo, las canciones, el proyector, los músicos, los cantantes, etc.) que a veces estas cosas nos hacen olvidar el verdadero objetivo de lo que estamos haciendo.

Cuando preparamos la reunión, es necesario recordar, que la adoración, en esencia, *es para Dios* y no es para la gente. Esto quiere decir, que desde qué canciones elegimos, cómo cantamos, cómo tocamos, todo está dirigido a Dios. Parecería en primera instancia que es una forma de menospreciar a las personas pero no es así. El resto de los hermanos nos importa, y mucho; de hecho hemos de separar lo que es la adoración individual de lo que es la adoración en la iglesia para ser siempre respetuosos y tratar a los hermanos con amor; pero si tratamos de conformar a la iglesia, a las personas, siempre va a haber alguien que quede disconforme. En cambio, si tratamos de agradar a Dios entonces nuestras metas van a ser muchas más altas y nuestro esfuerzo para que todo salga bien será mayor.

No estamos diciendo que no haya que pensar en las personas, pero en esencia, el corazón de la adoración, lo que es, centralmente hablando, es algo para ofrecer a Dios. Él es el motivo por el cual nos reunimos, para él cantamos, para él vivimos. Si te dijera que este domingo Dios no va a poder asistir a tu iglesia, pero que de todas formas se reúnan con los hermanos y tengan el culto igual ¿irías? Tal vez si, tal vez no, pero lo cierto es que si Dios no va a estar, entonces la reunión carece de esencialidad. Puede ser un hermoso momento de reunión entre seres queridos, puede servir para enterarse de qué está pasando en la vida de otros hermanos, puede servir para "sentirse bien" un rato, pero a fines concretos, si Dios no está, la reunión no tiene sentido.

Cuando preparamos la reunión es necesario recordar que la adoración, en esencia, es para Dios.

Lamentablemente a través de los años nos hemos acostumbrado a que Dios "no esté". Mejor dicho, damos por sentado que Dios va a estar en nuestra reunión, es un hecho que Dios va a estar, entonces nuestros esfuerzos no van dirigidos a él, porque él ya va a estar. Es entonces cuando los preparativos de la reunión, los preparativos de la adoración, dejan de estar centrados en Dios y se empiezan a centrar en la gente, porque asumimos que Dios va a estar y que se va a sentir cómodo. La pregunta es ¿cómo hacemos que la gente se sienta cómoda? Y ahí comienza a elaborarse un culto a medida de las personas y no de Dios.

Ahora bien, ¿cómo nos damos cuenta de que el centro de nuestra adoración está siendo Dios o si están siendo las personas? Es simple: el tiempo que dedicamos a las cosas o personas siempre refleja nuestra escala de valoraciones. Por ejemplo si yo digo que para mi no es importante la televisión pero invierto el 80% de mi sueldo en comprar un LCD y veo 4 horas de TV diarias, entonces es evidente que la televisión es realmente una parte muy importante de mi vida.

Tomando entonces el tiempo como parámetro, ¿cuánto tiempo estamos invirtiendo individualmente y como equipo de adoración para estar en la presencia de Dios en oración, en clamor, pidiéndole que nos use, que nos llene, que nos permita entrar en su santo lugar para adorarlo? ¿Nuestros ensayos son un tiempo de conexión con Dios o solo sirven para repasar las canciones? ¿Damos por sentado que Dios va a estar o nos preocupamos por hacer de nuestras vidas y nuestra iglesia un ámbito de santidad en el medio del cual él se haga presente?

Esto nos puede servir como un medidor de dónde está realmente el centro de nuestro ministerio de adoración y si descubrimos que no estamos dándole la importancia a Dios que tiene, entonces seguramente deberemos hacer algunos ajustes.

Correr del centro de nuestra reunión a Dios parece ser algo tan sutil como pecaminoso. Esta acción no solamente condena nuestra adoración al fracaso sino que nos sumerge en un pecado claramente condenado en la Biblia. Dios claramente dice: "Yo soy Jehová. Ése es mi nombre, y a ningún otro daré yo mi propia gloria, ni mi alabanza a imágenes esculpidas."[1] Jesucristo recuerda lo importante de que la adoración sea solamente centrada en Dios al decir "Al Señor tu Dios adorarás, y a él sólo servirás."[2]

Correr del centro de nuestra adoración a Dios pareciera ser alto tan inocente y tan bien intencionado y sin embargo es un pecado grave. Las reuniones no son para otro que Dios porque nadie más merece nuestra atención, devoción y ocupación como él. Nunca olvidemos eso.

La profesión de la adoración

Para poder adorar tenemos que estar (si se permite el término) "conectados" con Dios, tenemos que estar en una misma sintonía con él, en un mismo espíritu. Esto tiene que darse en toda nuestra vida: tenemos que estar en un "espíritu de adoración" constantemente, esto es, en nuestra forma de hablar, pensar, decidir, trabajar, elegir películas o música. No podemos estar diciendo groserías, viendo cualquier cosa en la TV, pensando cosas de pecado, tomando malas decisiones y a la vez ser buenos adoradores.

---

1 Isaías 42.8

2 Mateo 4.10

Para adorar a Dios debemos ser adoradores, debemos ser personas preocupados por alegrar el corazón de Dios, por sacarle una sonrisa en cada cosa que hagamos. El abogado aboga, el médico ejerce medicina, el maestro enseña, y el adorador... ¡adora! Pero así como no se puede ejercer una profesión sin haber tenido un título primero, no se puede adorar sin ser adorador, ésta es la profesión de la adoración, hacemos lo que en esencia somos.

Aún así, no es una profesión como las otras, esta no requiere años de preparación para recibir el título, ni mucho estudio teórico o lectura de libros, es más, no se necesita ni siquiera saber mucho de la Biblia para ser un buen adorador. La profesión de la adoración tiene *un* solo requerimiento, tan simple como profundo: entregarse a sí mismo por completo a Dios.

El verdadero sustento de la adoración es una relación íntima de amor con Dios.

Una vez que uno se ha rendido a los pies de Dios y está dispuesto a vivir para él, empieza una relación de amor con él y es esta relación de amor que va a sustentar la adoración.

El verdadero sustento de la adoración es una relación íntima de amor con Dios.

Luego, el conocimiento de la palabra de Dios, las horas de oración y lectura bíblica van a fundamentar cada vez más ese amor. A medida que crezca ese amor, crecerá, se profundizará y se arraigará la adoración.

Muchas veces las personas sienten que se han estancado en su adoración, que no tienen nada nuevo, que no pueden lograr ir a "otro nivel" como tal vez ven a otros hacerlo. Para poder alcanzar estar cada vez mas conectados con Dios y ejercer con mayor eficiencia la profesión de la adoración es necesario fundamentarla bien. Sin fundamentos no hay real adoración, puede haber música, puede haber perfección técnica, puede haber lindas palabras, doctrina correcta, pero aún así eso no será adoración.

Para dar un ejemplo, yo puedo saber que si me duele la cabeza o alguna parte del cuerpo me puedo tomar un ibuprofeno, y que si tengo fiebre necesito algo de paracetamol, pero eso no me convierte en médico, para serlo se necesitan años de preparación y esfuerzo.

Ser adorador se hace en un instante, en el momento que hemos rendido nuestra vida a Dios, pero eso es solo el principio, el ejercer la profesión de la adoración requiere años de intimidad con Dios, de obediencia, de conocerlo y de conectarse con él.

La adoración y la música

Posiblemente si estás en un ministerio de adoración, es porque sos músico. No importa si sos profesional o si apenas estás empezando, si estás haciendo música (tocando un instrumento o cantando) ya sos músico con todos los beneficios y responsabilidades que esto conlleva.

La ejecución del instrumento (ya sea uno externo o la voz misma) es una extensión de la adoración íntima. Lo que buscamos a través de él es poder llegarle al corazón a Dios. Hemos estado orando, leyendo, conectados con Dios y tenemos este deseo ardiente en nuestro corazón de expresarle nuestro amor a él y es en ese momento que vamos al instrumento y explotamos en adoración. El tocar un instrumento o cantar sin conexión con Dios es como manejar un bisturí sin ser doctor, puedo usarlo para cortar un pan para hacerme un sándwich, pero no puedo usarlo para hacer una operación. Si no estás conectado con Dios podes usar el instrumento para cualquier cosa, pero no para adorar a Dios, o al menos si tratas, no va a funcionar. Porque la adoración no empieza en el momento que hacemos sonar un instrumento, sino mucho antes.

La profesión de la adoración tiene un solo requerimiento, tan simple como profundo: Entregarse a sí mismo por completo a Dios.

El instrumento es solo eso, un instrumento, una herramienta, algo que nos ayuda, pero en esencia, no importante.

Nos ha tocado escuchar a algunos músicos de iglesia decir que si no están con su instrumento no pueden adorar, que se sienten perdidos. Esos músicos no son adoradores, se han escondido detrás de sus instrumentos pensando que estaban adorando cuando en realidad lo único que estaban haciendo era... ¡tocar un instrumento!

La adoración no empieza con el instrumento, es muy anterior a él.

Este concepto sirve para equipos de ministerios muy diferentes: tanto para el que recién comienza, que cuenta con una guitarra (por lo general un poco desafinada) y los días que vienen todos los miembros también cuentan con una pandereta como para los ministerios que ya cuentan con varios músicos y equipos de adoración entrenados.

Los primeros no deben desanimarse por tener pocos instrumentos, o aun si no tienen ninguno, porque la adoración no se trata de instrumentos. Y los ministerios grandes no deben nunca olvidar que lo que los hace "grandes" ministerios no son la cantidad de músicos que tenga, sino la cantidad de adoradores reales que haya.

Es preferible quedarse sin instrumentos, pero quedarse con la esencia de la adoración y no sacrificar la adoración para que suene "bonito" y "armónico".

2 | ¿Qué canciones elijo?

Uno de los momentos más esenciales y difíciles al momento de prepararse para un culto es la elección de las canciones. Si fallamos en esta instancia, fallaremos en el momento de la reunión, sin embargo si hacemos una buena selección nos garantizamos una parte importante del momento de la adoración. Para esto debemos pensar en las canciones como si fuesen un organismo vivo.

Como nosotros, las canciones tienen un nacimiento, una vida y una muerte. Toda canción tiene tres momentos y tienen que ver con la relación con aquellos que la cantan: El aprendizaje, el afianzamiento y el acostumbramiento.

1. *El aprendizaje:* En este primer momento, hay poco disfrute de la canción en sí por el hecho de que recién se está aprendiendo. Se presta atención a la letra, a la melodía a los cambios de ritmo, etc. pero no se puede usar para adorar con mucha facilidad por la simple razón de no conocerla.

2. *El afianzamiento:* Este es el momento optimo de la canción, el momento del clímax de la canción. Luego de haberla aprendido, de haberla cantado varias veces, la canción ya esta afianzada en la memoria y se puede cantar con libertad. Llegar a este segundo momento puede llevar tan solo un momento o en ocasiones, semanas dependiendo de la persona.

3. *El acostumbramiento:* Es el tercer momento de la vida de una canción y el más peligroso. Sucede cuando la canción se ha cantado tantas veces que ya se la canta "de memoria", es decir, que no se piensa en lo que se está haciendo, se vuelve parte de una rutina, como lavarse los dientes o peinarse. Es el momento más peligroso porque si bien la canción "suena bien" y todas la cantan, no está cumpliendo con su propósito: adorar a Dios.

Las canciones que elijamos deben ser las que a Dios le gusta escuchar.

Retomando este último punto, es muy importante recordar que la canción es una herramienta, es un medio y no un fin en sí mismo. No cantamos por el arte de cantar, porque es lindo, porque siempre se hizo o porque es parte del culto. Cantamos porque la canción es una herramienta muy poderosa para adorar a Dios, no es *la* herramienta, hay muchas otras formas de adorar a Dios, pero esta es una de las más efectivas para mover nuestras vidas a tiempos de intimidad con Dios.

Es por esto que cuando se elijen las canciones para la reunión se debe pensar: ¿esta canción nos sirve para adorar a Dios?

Muchas veces se cae en el error de elegir las canciones porque les gustan más a las personas o porque musicalmente "salen bien" o simplemente porque son "clásicos" y nos olvidamos de que el hecho de que una canción esté siendo cantada, se sepa y guste no equivale a que se esté adorando a Dios realmente cuando se la canta.

Las canciones que se elijan para el tiempo de adoración comunitario deben surgir del tiempo de adoración personal.

Recordemos que la adoración se trata de Dios, las canciones que elijamos deben ser las que a Dios le gusta escuchar, no a la gente. Esto es más difícil, ya que nos es muy fácil saber qué canciones le gusta a la gente, pero para saber qué canciones le gustan a Dios hay que dedicar tiempo de oración e intimidad con él.

Las canciones que se elijan para el tiempo de adoración comunitario deben surgir del tiempo de adoración personal. Por lo general las canciones que sirvieron para conectarme con Dios en el tiempo personal son las mismas que van a servir para conectar a la iglesia con Dios. Sin embargo, si no paso tiempo de adoración en la semana, sino estoy "conectado" con Dios y con las canciones que a él le guste escuchar nos será muy difícil elegir bien las canciones para dirigir a la congregación a la adoración.

También se debe tener en cuenta que en cuanto a los momentos de vida de la canción que vimos, suele suceder que hay un desfasaje entre el equipo de adoración y la iglesia. Por lo general el ministerio de adoración ha escuchado, ensayado, practicado una canción a veces hasta el hartazgo y ya se la saben de memoria pero la iglesia recién la está aprendiendo. Se debe tratar de ir a la par de la iglesia y respetar los tiempos de ella respecto a las canciones.

Por ejemplo, podemos estar muy entusiasmados por tres o cuatro canciones nuevas que estemos aprendiendo y ponerlas todas juntas en una reunión pensando que van a ser de mucha bendición. Sin embargo, si la iglesia todavía está en la primera etapa, es decir, la de aprendizaje, se le dificultará mucho entrar en adoración con ellas y todos tendrán que hacer un esfuerzo muy grande para permanecer concentrados.

También debemos ser sensibles respecto a los tipos de canción que elijamos. En todo momento debemos recordar que hay una gran diferencia entre la iglesia y el equipo de adoración: nosotros somos músicos entrenados, ellos no. Por lo tanto debemos aceptar que tal vez algunas canciones por la dificultad que presenten, tomarán mucho tiempo enseñarla. Quizás habrá que modificarla o tal vez deberemos reservarlas para la adoración interna del equipo.

Canciones y canciones

Hoy en día hay muchísimas canciones para elegir, se puede optar por traducir canciones de afuera o elegir alguna de las muchas que hay en la variedad en castellano. Sin embargo, la práctica nos muestra que hay algunas canciones que tienen una unción especial, que han surgido de adoradores realmente inspirados por el Espíritu Santo. Cada vez que se cantan estas canciones la presencia de Dios se mueve en medio de su iglesia y es de mucha bendición para todos. Es importante detectarlas y usarlas sabiamente para guiar a la iglesia a la adoración.

También se debe tener en cuenta el orden que se elija, aunque bien, no hay uno formal marcado se suelen poner las canciones mas rápidas primero y luego las lentas, esto tiene que ver con lograr un clima que trataremos más adelante, y aunque esto es lo más común no es una regla, depende del grupo, de los instrumentos que tenga, y esencialmente de lo que Dios muestre que quiere hacer en esa reunión.

Por eso es importante estar conectado con Dios al momento de elegir no sólo las canciones sino el orden de las mismas. En cada encuentro eclesial Dios quiere hacer algo; hay algo especial que Dios tiene preparado para cada vez que la iglesia se junta y es el deber de los que forman parte del equipo de adoración ser herramientas para ayudar a la gente a darse cuenta y recibir eso que Dios tiene preparado para ellas. Por eso es que no es importante lo que el director tenga para decir o las buenas ideas que se le ocurran para dirección sino la total y absoluta sumisión a Dios para poder escucharlo y saber qué es lo que él quiere hacer en la reunión, después de todo, Él es el que obra en las personas, no nosotros.

3 | ¿Dirijo la reunión o la adoración?

Existe una gran confusión entre lo que es dirigir la reunión y dirigir el momento de adoración. Lo primero tiene más que ver con una función de maestro de ceremonias que va marcando los distintos momentos de una reunión: motivos de oración, de agradecimiento, anuncios, cumpleaños, etc. Esos son más bien momentos dentro de la reunión que pueden variar, aunque estarán los mismos componentes.

El dirigir la adoración poco o nada tiene que ver con eso. La dirección de este momento es guiar al pueblo a la mismísima presencia de Dios, es poder conectarse con Dios y ayudar a que toda la iglesia haga lo mismo. Son dos cosas diferentes y se basan en aptitudes no necesariamente iguales.

Casi cualquier persona puede dirigir la reunión. Dependiendo de su soltura y carisma lo hará mejor o peor, pero si sabe diferenciar los momentos, separarlos adecuadamente y aprende los rituales del culto y el lenguaje que se utiliza en él, no tendrá ningún problema de dirigirlo.

Dirigir la adoración es un tema totalmente diferente. Al igual que para la predicación es necesario tener un don para poder hacerlo. Romanos 12.8 nos habla del don de presidir, y que el que lo tiene lo debe llevar a cabo con solicitud, es decir, con mucho cuidado y tacto. Se necesita de una preparación del corazón y del espíritu para poder estar conectado con Dios, para poder hacerlo en público y además de todo eso, lo que es más importante, guiar a otros a encontrarse con Dios.

El director no puede guiar a la iglesia a un lugar que no conoce. Más bien, debe estar habituado a entrar a la presencia de Dios.

Para poder dirigir la adoración hay que tener en cuenta los dos capítulos anteriores: por un lado tenemos que estar completamente seguros de que lo que esencialmente importa es Dios mismo, y también tenemos que ser sabios al elegir las canciones.

La dirección es una tarea de equilibrio, por un lado como se ha dicho antes, es necesario poder conectarse con Dios, pero tampoco se debe perder de vista que esta es solamente una parte de la tarea. Quien dirige no está en su tiempo personal de devocional y adoración. Está en frente de toda la iglesia y debe guiarla para entrar a la presencia de Dios. Esto no quiere decir que se debe hacer un show y manipular a la gente. Hay una gran diferencia entre "incentivar" y "manipular". El director puede guiar, puede sugerir realizar acciones como aplaudir, levantar las manos o saltar, pero no debe ser muy enfático al respecto ni mucho menos manipular a la iglesia para que lo haga. Es tarea del Espíritu Santo poner el deseo, los modos y la acción de la adoración en las personas.

Nos ha tocado ver a directores de adoración estar diciendo muy enfáticamente: "¡Vamos!, ¡Salte!, ¡Cante!, ¡Aplauda!, ¡Grite para el Señor!" y cuantas cosas más y al final del tiempo de adoración hay una iglesia muy transpirada y un poco más animada, pero no necesariamente una iglesia que haya adorado.

El problema es que si no hay una adoración sincera desde el director, si no hay una conexión real con el Espíritu Santo, jamás podrá guiar a la iglesia. El director no puede guiar a la iglesia a un lugar que no conoce. Más bien el debe estar habituado a entrar a su presencia, en sus tiempos íntimos, en su vida cotidiana, la presencia de Dios tiene que ser un lugar muy conocido por el director para que cuando le toque ser guía de la iglesia la pueda llevar con confianza a ese hermoso lugar de adoración.

Tarea de todos

Habiendo dicho esto, también es necesario marcar, que Dios no viene a escuchar al ministerio de adoración, ni mucho menos al director, él viene a escuchar a su iglesia. La iglesia en su conjunto debe estar lista para poder adorar. Por más que el director haya hecho todo como debe, si la iglesia no viene con expectativa, con fe, con deseos de encontrarse con su Dios y manifestarle su amor, poco hay que se pueda hacer. Recordemos que Jesús no hizo milagros a causa de la poca fe de las personas,[3] menos los directores de adoración podrán hacer algo cuando la iglesia está sin fe.

Esto nos muestra que posiblemente habrá que realizar una tarea previa con la iglesia, instruirla, enseñarle acerca de la adoración. Los ministros de adoración tienen la responsabilidad de animar a la congregación a prepararse en la semana, a adorar en sus hogares, en su vida cotidiana y a venir a las reuniones con fe y expectativas de un encuentro con Dios como cuerpo que afectará sus vidas de manera radical.

Lo que Dios quiere hacer

Ya hemos dicho antes, que en cada encuentro de su iglesia, Dios quiere hacer algo allí, Dios quiere habitar en medio de ese encuentro y tocar profundamente la vida de sus hijos de manera personal a cada uno y a todos como iglesia. Dependiendo del momento que cada hermano este pasando y del momento como iglesia que se este viviendo, Dios tiene en su corazón tocarlos y hablarles cosas diferentes. Por eso es que una reunión es muy diferente a la otra, porque cada vez que nos juntamos para adorar a Dios algo nuevo va a suceder. Esto es, si somos capaces de darnos cuenta de lo que Dios quiere hacer y estar dispuestos a ser herramientas en sus manos para llevarlo a cabo. A veces estamos muy

---

3 Mateo 6.5-6

preocupados por qué decir, o qué versículo leer pero lo mejor que podríamos hacer sería corrernos del medio para dejar obrar a Dios en su iglesia.

El director de adoración tiene que entender que con Dios no hay "fórmulas" que podamos repetir y que sirvan. Tal vez Dios una reunión quiso consolar a su iglesia y movió a orar unos por otros por los motivos que traían en sus corazones en un momento muy tranquilo y de quietud, pero tal vez la siguiente reunión, Dios quiere enfatizar el gozo y la alegría con canciones alegres. Nuestras reuniones no pueden ser exactamente iguales cada vez, lo único que eso muestra es que no somos capaces de escuchar a Dios y que no estamos sensibles para saber lo que él quiere hacer.

En cada encuentro de su iglesia, Dios quiere hacer algo.

Dios en una oportunidad le dijo a su pueblo a través del profeta Isaías: "¡Voy a hacer algo nuevo! Ya está sucediendo, ¿no se dan cuenta?"[4]

Es importante no malinterpretar este último punto, ya que muchas personas para que sus reuniones no sean monótonas tienen muy buenas "ideas" didácticas para los cultos pero estas ideas no surgen de tiempos de intimidad con Dios sino simplemente de buenas intenciones. No se puede ser suficientemente enfático en esto: *Dios esta can-*

---

4 Isaías 43.19, NVI

sado de las buenas ideas que surgen de buenas intenciones. Estas no alcanzan, no sirven, simplemente porque no nacieron en el corazón de Dios sino en el de una persona. Esto es invertir el principio esencial de la adoración que habíamos aprendido en el primer capítulo: el adorador tiene que estar rendido a la voluntad de Dios. En el momento que no intimamos con Dios para preguntarle su voluntad para una reunión estamos declarando indirectamente que Dios no nos hace falta, que nosotros ya sabemos cómo dirigir un culto, que no necesitamos pasar tiempo de oración para escucharlo porque ya sabemos lo que va a decir, y ya sabemos qué hacer. En una palabra es correr a Dios del medio de su propia reunión y ponernos a nosotros en un lugar que no nos corresponde.

No importa cuan "guiado por Dios" se haya sentido el director, si los frutos no son una adoración comunitaria profunda y fluida, entonces no fue Dios el que lo guió.

Esta es una cosa que Dios detesta y que mata su presencia en medio de una reunión. Si un grupo de adoración o un director no se ha tomado el tiempo para preguntarle qué quiere hacer en un culto, Dios simplemente se va de ese culto porque claramente le están diciendo que no lo necesitan.

Es tan fácil quedarnos con las canciones, con los ritos, con las formas, con las ideas didácticas para entretener a la gente y armar un "lindo culto" pero quedarnos sin Dios, pero Dios es un Dios celoso y no va a dar su gloria a otros.

Dios no necesita adoradores que tengan grandes ideas o métodos innovadores, lo que Dios necesita, lo que Dios está buscando son adoradores que lo adoren en espíritu y en verdad, que se rindan a él completamente y que estén dispuestos a esforzarse para escucharlo, conocerlo, intimar con él y tomarse el tiempo para conocer qué es lo que él quiere hacer.

Recordemos esto: aún la mejor idea que se nos pueda ocurrir es una idea pobre al lado de las ideas que se le habían ocurrido a Dios. Mejor dejemos nuestra ideas de lado y usemos las de él.

Lo pautado y lo espontáneo

Algunos problemas en cuanto a la dirección de la adoración tienen que ver con aquellas cosas que pueden surgir espontáneamente y que en ocasiones pueden entorpecer y en otras hacer crecer la adoración. El director tiene una decisión muy importante que tomar, o bien hace caso a lo que siente que Dios lo está guiando en ese momento y cambia un poco el programa o bien sigue con lo que estaba ensayado y pautado y se asegura que todo salga bien.

En cuanto a esto tal vez no haya una "receta" o un método correcto, pero de las distintas experiencias se pueden inferir por lo menos dos conclusiones.

La primera de ellas seria: *No siempre salir del programa y hacer algo espontáneo es espiritual.* Pareciera ser que si un director hace algo espontáneo y termina de alguna manera arruinando el momento de adoración o la iglesia no pudo seguirlo y no pudo adorar aún asi, existe la excusa de que fue algo "espontáneo", "guiado por el Espíritu" y por lo tanto genuino y "espiritual". En muchos casos lo espontáneo se utiliza como sinónimo de espiritual. Claro que es muy difícil o prácticamente imposible medir cuanto de "guía del Espíritu" tuvo el director porque radica en cosas muy íntimas y profundas de la persona. Pero lo que si puede medirse y ver es la recepción de la iglesia y del equipo de adoración. Una ruptura del programa que lo único que genere es un malestar en la iglesia no puede ser de Dios, no puede ser espiritual. No importa cuan "guiado por Dios" haya estado el director, si los frutos no son una adoración comunitaria profunda y fluida, entonces no fue de Dios el que lo guió. Puede haber sido una linda intención del director, un buen sentimiento, pero al final, no espiritual.

No siempre salir del programa y hacer algo espontáneo es espiritual. No siempre aferrarse al programa es la opción mas segura.

La segunda conclusión es: *No siempre aferrarse al programa es la opción mas segura*. Muchos directores creen que es preferible seguir con el orden de culto establecido porque así se aseguran de que todo salga bien, de que la adoración va a salir como estaba planeada. Todos aquellos que hayan estado en una situación así saben que esto no es necesariamente cierto. A veces por seguir el orden aún después de sentir una clara dirección de Dios de no hacerlo, el culto termina saliendo mal. Los músicos comienzan a equivocarse en partes obvias, la iglesia parece desconectada, el director trata de mejorar el momento pero solo consigue empeorarlo, etc.

Cuando Dios guía a realizar algún cambio de último momento en el programa lo mejor que se puede hacer es realizarlo recordando que el líder de adoración es el Espíritu y no nosotros.

Vemos entonces que hay peligros en ser espontáneos y hay peligro en no serlo ¿cómo entonces decidir por uno o por otro? Es aquí donde volvemos al eje central de toda la adoración: la intimidad. La persona que quiere realizar el cambio debe preguntarse honestamente ¿cuán profunda es en este tiempo mi intimidad con Dios? ¿Puedo estar seguro de que lo que siento es resultado de tiempos de conexión con Dios? Si la respuesta es sí, si hay una conexión y una intimidad profunda con Dios entonces lo mejor es seguir con el sentir de la espontaneidad. Si la respuesta es no, lo mas sabio es continuar con lo programado para asegurarse de no estar obrando fuera de lo que Dios quiere.

Lo correcto no es ni ser espontáneo ni no serlo, lo correcto es ser guiado por Dios y obedecerlo a él, nada más.

4 | ¿Repaso o ensayo?

Por lo general el grupo de adoración, es un conjunto más o menos estable de integrantes. Esto tiene aspectos tanto positivos como negativos: por un lado se conocen, ya saben las cosas que hacen y las que no, sus fortalezas y debilidades y como sortearlas. Pero por otro lado al conocerse tanto puede caerse en una falta de búsqueda de aspectos nuevos en cuanto a lo musical. Si esto segundo sucede, el ensayo pasa de ser un tiempo de ensamble, innovación y creación a ser algo monótono, repetitivo y carente de sentido en sí mismo.

Los músicos bien podrían tocar sin ensayar ya que conocen las canciones, conocen cómo tocarlas, el tono, los arreglos, etc. Entonces... ¿qué es el ensayo? ¿para qué sirve?

Como venimos diciendo, en el momento del culto lo que sucede es que toda la iglesia en su totalidad, todos los hijos de Dios, todo el pueblo entra a la presencia de Dios a adorarlo a través de la música. Por lo tanto el ensayo debe ser un "ensayo" sobre eso, sobre cómo lograr eso en el próximo culto. Teniendo un buen concepto de lo que es la adoración, habiendo buscado qué canciones Dios quiere escuchar en el culto y habiendo estado en su presencia personalmente, ahora la tarea es ensamblar eso todos juntos. Lo difícil de esto es que todos los integrantes del equipo deben estar en el mismo espíritu, no sólo el director, sino *todos* los integrantes deben estar conectados con Dios para que la adoración fluya.

El ensayo se convertirá en una instancia donde cada persona crece, donde no sólo se ensayan las canciones o los momentos del culto sino donde se ensaya el amor.

Si Dios visita un ensayo y su presencia se siente durante ese tiempo lo más seguro es que en la reunión también lo haga. El ensayo debe ser una mini reproducción de lo que va a ser el culto, por eso es importante ensayar todo *lo más parecido posible* a lo que va a ser el culto: Los arreglos, las conexiones entre canciones, los solos de guitarra, los cortes de batería, las voces, etc. todo tiene que estar planteado ya en el ensayo para que en el momento del culto no haya preocupación alguna que nos distraiga de nuestra principal tarea: entrar en la presencia de Dios.

En ocasiones puede suceder que las cosas en la reunión no salgan como se ensayaron, tanto para mejor como para peor, pero eso no presentará ningún problema ya que en el momento de la reunión lo único que tiene que importar es adorar y guiar a la iglesia a la adoración.

En la reunión no se debe hacer énfasis en los errores, en las cosas que no salieron como se esperaban ni en arreglos nuevos que surgen espontáneamente, sino que hay que estar conectado con Dios y con la iglesia para poder adorarlo, en ese momento es lo único que importa.

Hay dos extremos que se deben evitar por completo: el *tecnicismo* y la *mediocridad*. El primero va a estar preocupado porque todo salga perfecto, porque los arreglos suenen igual que en el ensayo, que el guitarrista no se olvide el solo, etc. y se va a olvidar de adorar a Dios. Al mediocre por otra parte no le va a importar nada como suena o que errores pueden estar ocurriendo total "a Dios le agrada igual".

Estos dos extremos deben ser evitados en cuanto se pueda y si algún miembro del equipo sufre de esto, debe entrenar su corazón y su dominio propio para poder ser libre de ellos. Debemos recordar siempre que lo importante es poder llegar al corazón de Dios y esto lo vamos a hacer si hay una adoración sincera en nosotros y no si hay una mediocridad de que "todo me da lo mismo" o si hay un legalismo de que todo tiene que salir excelente.

Este problema tiene una forma muy clara de evitarse: ensayando bien. Cuando hay un buen ensamble, y todo se ensayó correctamente, entonces en el momento del culto se puede estar tranquilo y dedicarse a cantarle a Dios y guiar a su pueblo a hacerlo. Si una canción no estuvo bien ensayada, si hay dudas en los acordes, en las entradas, en las tonalidades o en las letras, entonces el adorador va a estar pendiente de esas cosas técnicas en lugar de en lo que debiera estar atento. Cualquier duda debe ser disipada en el ensayo, no se debe dejar nada para después, no se debe caer en "no lo hago ahora, pero en la reunión si lo voy a hacer", o "no importa, después lo practico y en el culto sale".

Esta actitud es la que muchas veces entorpece a la parte técnica de la adoración lo cual entorpece el contenido de la misma. El ensayo es para practicar *todo*.

Ensayando el amor

Una cualidad muy importante en todos los integrantes del equipo es el *respeto* que tiene su base en el amor unos por otros. Por lo general el equipo se divide entre instrumentistas y vocalistas y dentro del ensayo pueden surgir problemas en ellos o entre ellos. Problemas muy comunes son por ejemplo cuando el guitarrista quiere afinar y el baterista esta muy entusiasmado tocando, cuando el coro está tratando de buscar segundas voces y los instrumentos no paran de tocar, o cuando la tonalidad queda muy alta para cantar y los instrumentistas se rehúsan a bajarla, etc. Cosas como estas son detalles que desgastan la relación entre los miembros del equipo y luego van a traer problemas a la hora de adorar. El apóstol Pablo dice que nuestra amabilidad tiene que ser conocida por todos[5], y Jesús dice que nos amemos unos a otros como él nos amó[6]. Es decir que la cualidad distintiva de un grupo de adoración debe ser el

---

5 Filipenses 4.5

6 Juan 15

amor y la amabilidad. ¿Cómo puede un equipo de adoración ministrar y guiar a la iglesia a la presencia de Dios cuando en durante el ensayo se han maltratado, herido y faltado el respeto? Simplemente no pueden. Por eso el cuidar estos detalles es una tarea de todos y el líder debe exhortar al equipo a tratarse así.

El ensayo entonces se va a convertir una instancia donde cada persona crece, donde no solo se ensayan las canciones, o los momentos del culto sino donde se ensaya el amor, se ensaya la amabilidad, se ensaya el respeto. Debe haber una actitud consciente y deliberada de cada integrante de tratar a todos con amor y respeto, no solamente presentarse al ensayo y esperar que la amabilidad fluya, hay que esforzarse, hay que practicarla, hay que ensayarla y hay que comprometerse a tratar a todos los hermanos con ese amor con el que Dios nos amo a nosotros.

5 | ¿Con el corazón o con la mente?

A grandes rasgos que hay dos grandes extremos en los acercamientos en cuanto a la forma de la adoración: el tradicional y el renovado, uno que enfatiza la mente y otro el corazón.

El modelo tradicional está basado en la modernidad donde la preponderancia la tiene la razón. Es un legado de los padres de la reforma que nos invita a la reflexión, a pensar en lo que cantamos, a no dejarnos llevar por la banalidad de las emociones a través de las cuales nos perdemos el verdadero significado de la adoración. Para el modelo tradicional lo relevante de las canciones pasa por la letra y su significado. Por esto es que van a sostener la vigencia de los himnos, que no se caracterizan por su gran instrumentación sino por su letra, su contenido teológico, que en definitiva es lo más importante: decir algo profundo y relevante a Dios cuando cantamos. En las iglesias de modelo tradicional se fortalece la solemnidad, el uso de no muchos instrumentos con volumen bajo y la expresión mesurada y controlada de las emociones.

Por otro lado el modelo renovado va a estar fundamentado en una cultura postmoderna donde lo importante esta en el "sentir". La pregunta que van a hacer los directores de adoración renovados ya no es si están entendiendo lo que cantan, sino que lo que va a preguntar es si está sintiendo la presencia de Dios, si está cantando con el corazón. En las iglesias que sostienen este modelo hay una expresión más libre de las emociones, el uso de muchos instrumentos contemporáneos y por lo general a un volumen alto.

Estos dos modelos están en vigencia hoy en día y ninguno de ellos necesariamente es ni el correcto ni el equivocado. Las diferencias entre tradicionales y renovados poco le interesan a Dios. En Juan 4, encontramos una de las lecciones más importantes de adoración y ni más ni menos que dada directamente por Jesús. La mujer samaritana estaba preocupada por las formas: "Nuestros antepasados adoraron en este monte pero ustedes los judíos dicen que el lugar donde debemos adorar esta en Jerusalen".[7] El tema que propone la samaritana era un tema muy común de disertación y problemática: ¿Cuál de los dos lugares era el verdadero para poder adorar a Dios? Tal y como hoy en día hay cuestionamientos acerca de cuál es la mejor forma de adorar a Dios.

Pero la respuesta de Jesús hace que la samaritana deje de pensar en las formas y vuelva a la esencia:

---

7 Juan 4.20

Créeme mujer, que se acerca la hora en que ni en este monte ni en Jerusalén adoraran ustedes al Padre... se acerca la hora y ha llegado ya, en que los verdaderos adoradores adoraran al Padre en espíritu y en verdad, porque así quiere el Padre que sean los que le adoren. Dios es espíritu y quienes lo adoran deben hacerlo en espíritu y en verdad.[8]

No se trata del lugar o de la forma de la adoración; no se trata de lo que las personas propongan que es necesario, sino de lo que Dios plantea como necesario.

Jesús explica con amor, que no se trata del lugar o de la forma de la adoración, no se trata de lo que las personas propongan que es necesario, sino de lo que Dios plantea como necesario. Fijémonos que la samaritana habla de requisitos de judíos y samaritanos mientras que Jesús habla de requisitos de Dios. Ellos habían corrido el eje de su adoración y había dejado de ser centrada en Dios y Jesús se encarga de volver a centrarla: no se trata del lugar, se trata de adorar en espíritu y en verdad.

El espíritu y el entendimiento

El apóstol Pablo dice que debemos "cantar con el espíritu pero también con el entendimiento"[9] y por lo general se

---

8 Juan 4.21-24, NVI

9 1 Corintios 14.15

usa este pasaje para hacer énfasis en el entendimiento. Este pasaje está dedicado a la iglesia de Corinto, una iglesia con muchos dones espirituales pero con mucho pecado y muy poco entendimiento.

Por eso Pablo tiene que recordarles el entendimiento. Con esto el apóstol no quiere decir que el entendimiento es más importante que el espíritu, sino que debe haber un equilibrio entre ambos, de hecho la verdadera adoración es la que puede unir estos dos elementos y fusionarlos para alcanzar una adoración profunda y hermosa.

El entendimiento es fácil de ejercer. Uno aprende, piensa, reflexiona acerca de las letras, acerca de lo bueno que Dios es con uno, acerca de quién es Dios. Toma solamente un instante de decidir pensarlo, y se lo piensa.

Lo espiritual es menos controlable. Las emociones no son tan sencillas de ejercer. Por más que uno decida en un instante sentir amor, alegría, emocionarse en el momento de la adoración, no es la decisión lo que va a general la emoción. Al menos no instantáneamente.

Muchos adoradores se sienten mal por "no sentir", por no poder expresar esas emociones hacia Dios. Cuando se esta en este punto de no sentir nada hacia Dios puede tomarse uno de los siguientes cuatro caminos:

1. *Resignación.* La persona se resigna a que no va a sentir nada durante la adoración, esto la desanima y la lleva a alejarse del camino de la adoración. Decide no adorar más dado que no significa nada real para él.

2. *Aceptación.* Se acepta el hecho de no sentir nada, pero a diferencia de la persona anterior, no se aleja de la adoración sino que continua en ese camino dispuesto a cantar aún sin sentir nada. Se centra en el hecho de entender lo que está haciendo y con eso basta para él. Sabe que hay más pero no está dispuesto a hacer nada para alcanzarlo.

3. *Fingimiento.* La persona no quiere mostrarse como un adorador frío y por lo tanto finge las emociones aún sin sentirlas. Esta persona no está dispuesta a hacer nada por encontrar la verdadera emoción. Lo único importante para él es la apariencia.

4. *Lucha.* La cuarta opción es la más difícil pero la única posible para poder encontrar el camino de la adoración conectada con las emociones. El adorador reconoce que no siente, pero no se resigna ni acepta este hecho. Tampoco está dispuesto a fingir las emociones, aunque sí a motivarlas. Este adorador tal vez comience a cerrar sus ojos o levantar sus manos durante la adoración, aunque no lo sienta pero no de forma hipócrita sino como un acto desesperado de alguien que no va a rendirse, de alguien que quiere con todas sus fuerzas adorar a Dios con una real convicción y emoción. Este último camino, es un camino de intimidad hacia el corazón de Dios. Es un camino que toma horas de oración, de charlar con Dios, de sincerarse con él y de

> clamar honesta y profundamente a Dios por percibir su presencia, por no solo saber que el está, sino también sentirlo cerca.[10]

Para John White las emociones y la percepción de Dios van de la mano:

> La emoción nace de la percepción, del entendimiento de la realidad. Siento temor cuando advierto que podría morir durante la intervención quirúrgica que me sugiere el médico. La magnitud de mi temor es una medida de la objetividad con la que percibo la situación.[11]

Cuando estamos delante de la presencia de Dios y realmente nos damos cuenta de esto, todo nuestro ser se expresa de diferentes maneras, la reverencia ante su santidad, el temor ante su poder, la alegría ante su amor, la gratitud ante su perdón, etc. Una persona que no se emociona en la adoración es una persona que no está percibiendo bien la realidad de Dios, y la razón por la que no se percibe la realidad de Dios es por la falta de intimidad con él.

Tommy Tenney dice que es justamente el desgano de la iglesia por pagar un precio aparentemente alto de intimidad lo que causa la esterilidad, la falta total de emoción y

---

10 De esto habla el Salmo 103.

11 John White, *Cuando el Espíritu Santo llega con poder* (Buenos Aires: Certeza Argentina, 1995), pág. 51-

alegría de la adoración.[12] Como adoradores, como iglesia debemos arrepentirnos de no haber querido pagar el precio de la intimidad y no resignarnos a "no sentir" el deseo de adorar a Dios o de fingirlo. Es tiempo de intimar con él para que nuestro corazón pueda llenarse de amor y de deseo de adoración.

Las emociones en comunidad

Estas emociones al surgir en un culto público, con otros hermanos en la fe, deben ser encausadas con respeto y amor hacia los demás. Es decir, si yo siento una inmensa alegría en la adoración y eso me mueve a subirme a la silla, saltar y lanzar mi buzo a otros hermanos, tengo que considerar que probablemente sea de molestia para muchos, con lo cual estoy entorpeciendo la adoración de ellos. Por lo tanto, las emociones son parte de la adoración, dan cuenta de estar percibiendo la realidad de Dios, pero a la vez, en la adoración eclesial deben ser manejadas con respeto y comprensión, de otra forma lo que nace como una expresión a Dios puede terminar como pecado por hacer tropezar a mi hermano.

Una persona que no se conmueve en la adoración es una persona que no está percibiendo bien la realidad de Dios.

---

12 Tommy Tenney, *La casa Favorita de Dios* (Miami: Unilit, 2000), pág. 23.

Esto no quiere decir que debemos quedarnos duros como piedras, ya que el hermano más tradicional tiene que tomar la misma actitud y no limitar al hermano que quiere expresarse de otra manera. El límite para la expresión de las emociones siempre tiene que ser el respeto y el amor hacia los demás hermanos.

Debemos tener en cuenta que es Dios quien creó las emociones y que son parte de nosotros. No debemos dejarnos controlar por ellas, pero si debemos utilizarlas como canales poderosos para la adoración. La música nos emociona, una letra nos conmueve y un tiempo de adoración en el cual el Espíritu Santo está hablando a nuestro corazón sin lugar a dudas va a transformar nuestra vida.

Si logramos un equilibrio entre nuestra mente y nuestro corazón, entre la razón y las emociones, entonces tenemos el equilibrio perfecto para tener una experiencia de adoración que nos sirva de crecimiento espiritual. No una vana emocionalidad que no nos afectará mas de las 2 horas que estemos en el culto, ni la fría racionalidad de no estar en contacto con lo que sucede dentro nuestro. Un equilibrio entre lo que podemos pensar y lo que podemos sentir, entendiendo que Dios nos ha dado ambas capacidades para usarlas juntas.

El uso cuidadoso de las emociones

Como ministros sin embargo tenemos que ser muy cuidadosos de no manipular a los hermanos.

Podemos guiar con la música, con la lectura de algún pasaje, con las oraciones, a la intimidad con Dios, pero no debemos bajo ningún punto de vista manipularlos para sentir o pensar de determinada manera.

No debemos caer en la bajeza de utilizar canciones, o efectos de instrumentos para crear sensaciones en los hermanos, o generar aplausos "para Dios" o forzarlos a que "sientan" la presencia de Dios. El que guía la adoración es el Espíritu Santo, nuestra tarea es ser instrumentos de él, ser guiados en sabiduría y con mucho tacto para ayudar a la iglesia con nuestro don.

Esto debe darse en todos los ordenes de la iglesia: el hermano que pasa a levantar la ofrenda no tiene porque estar haciendo sentir a la gente el deseo (o la culpa) de dar dinero, el que predica no puede estar forzando a las personas a creer en lo que él dice, y el adorador no puede manipular a los hermanos para que tengan una experiencia de adoración.

El director de adoración y el adorador deben adorar, y mostrar el camino para entrar en adoración. Si los hermanos quieren unirse y adorar a Dios, bien; si no, el Espíritu Santo es el que debe convencerlos de que lo hagan. Podemos estar gritando "vamos, aplauda, salte, siéntese, cante", etc, etc, y finalmente lograr que lo hagan pero no habrá sido una obra espiritual sino humana.

Matt Redman tiene una expresión muy hermosa el respecto. El dice que en realidad el director de la adoración es el Espíritu Santo y que él es solamente el que "dirige los adoradores". Hace referencia a que el director no puede hacer mejor o peor la adoración eclesial porque es una obra del Espíritu. Alguien dirige a los adoradores y el Espíritu dirige la adoración.[13]

No digo con esto que el director no debe entusiasmar a la iglesia, debe hacerlo, pero siempre en guía de Espíritu con mucho tacto y discernimiento para saber cuándo hablar y cuando callar. Hay momentos en que el director de adoración debe callarse por completo para que Dios sea el que le hable a la iglesia. Hay momentos donde los instrumentos tienen que dejar de sonar para que un silencio espiritual llene el templo y solo se escuche el sollozar de la gente tocada por Dios.

Debemos recordar siempre y en toda instancia que la adoración es una obra *espiritual*.

---

13 Matt Redman, *El adorador insaciable* (Buenos Aires, Peniel: 2003)

6 | ¿Show o intimidad?

Muchas veces vemos ministros de adoración que por su forma de adorar, por el acento que usan o simplemente por alguna razón que no podemos explicar no nos parecen genuinos. Estos ministros nos generan rechazo y dificultan nuestra adoración. Nos parece como si estuvieran actuando, como si su adoración no fuese sincera, como si fuese algún tipo de representación o puesta en escena.

En ocasiones sucede que conocemos al adorador y conocemos facetas de su vida que no condicen con una gran espiritualidad. Es por eso que nos parece un adorador "hipócrita" por lo tanto nos perturba el momento de adoración.

En primer lugar debemos recordar que nuestra adoración es hacia Dios, no hacia las personas, por lo tanto si en alguna reunión dejamos de adorar ya sea porque el director no es de nuestro agrado, o porque la canción no nos gusta, o por alguna razón semejante, no le estamos quitando a la iglesia el privilegio de escuchar nuestra voz, sino que le estamos negando nuestra adoración a Dios.

No importa cuán hipócrita sea el director de adoración o que mal suenen los instrumentos, nosotros no debemos nunca negarle nuestra adoración a Dios. Tampoco debemos colocarnos en la condición de jueces de los ministros que nos están guiando, ya que eso le corresponde solamente a Dios. Nuestra tarea durante un tiempo de adoración es muy especifica: *adorar.*

No importa cuán hipócrita sea el director de adoración o que mal suenen los instrumentos, nosotros no debemos nunca negarle nuestra adoración a Dios.

Ahora bien, desde nuestro lugar de adoradores que guían a la iglesia nos toca a nosotros preguntarnos ¿nuestra adoración parte de una intimidad profunda con Dios? ¿O es simplemente un "show" que vengo a hacer delante de las personas? ¿Cómo puedo darme cuenta?

La palabra de Dios nos dice que nuestro corazón es engañoso y que es muy difícil conocer lo que hay en él,[14] sin embargo, existe una forma de estar seguros que la adoración que estamos dando, que lo que estamos haciendo desde el frente es algo sincero y por sobre todo *real.*

Lo que diferencia un show de las demás cosas es que todo lo que pasa ahí no es real, es una actuación. Un payaso actúa como payaso pero no lo es en su vida cotidiana. Un

---

14 Jeremías 17.9

hombre que se disfraza y canta una ópera frente a miles de personas es algo precioso, pero otra vez, no es real, es una actuación, una puesta en escena, un cantante de ópera no va disfrazado a hacer las compras al supermercado, un payaso no cena en su casa con el traje puesto.

La manera que tenemos para darnos cuenta de que no estamos montando un show los domingos en las reuniones es preguntarnos a nosotros mismos: ¿Es genuino lo que estoy haciendo? Es decir, ¿estoy actuando hoy diferente de lo que actúo en mi vida cotidiana?

Si la respuesta es sí, entonces no estamos dando una verdadera adoración a Dios, lo que en realidad estamos haciendo es un "show de adoración".

Para que haya real adoración, tiene que haber intimidad con Dios en la semana. Tiene que existir una adoración constante, y con esto no queremos decir que hay que estar cantando todo el día, pero en los momentos malos, en los de dificultad, en los de tentación y aún en los de caída, el adorador está *siempre* en intimidad y conexión con Dios.Dios no nos pide perfección, nos pide intimidad.

Pensemos en un momento el ejemplo del rey David y del rey Saúl. Si vemos la vida de ellos, no vemos perfección, vemos errores en ambos casos. Es más, los errores de David fueron terribles, incluyendo el adulterio y el asesinato de un inocente entre otros.

¿Qué diferencia a David de Saúl? ¿Qué hace que Dios llame a David un hombre según su corazón y desprecie a Saúl? La diferencia radica en la intimidad con Dios. Saúl no tenía intimidad con Dios, no lo conocía y cuando pecó, cuando falló, no fue capaz de reconocer su error. Su orgullo lo alejaba de Dios y su posición lo llevaba a estar todo el tiempo pensando y actuando por el "que dirán" y su esfuerzo estaba en mantener la imagen de rey.

Como adoradores nos es imposible mantener un estándar de perfección, pero lo que sí debemos mantener es un alto nivel de intimidad

Esta triste historia la encontramos en el primer libro de Samuel capítulos 13 y 15. En ambos capítulos vemos como Saúl hace cosas por miedo a que el ejército se impaciente o por lo que hacían los filisteos y vemos también como abiertamente desobedece una orden directa que Dios le había dado y encima trata de hacer creer al profeta que había obrado bien.[15] Justamente por actitudes como esta es que Dios lo rechaza a Saúl y busca a alguien acorde a su corazón: A David.

A David nunca le importó mucho el "qué dirán" y su "imagen" como rey. Era capaz de bailar desnudo en público para Dios[16], era capaz de hacer cosas que nunca se habían hecho antes (como tratar de recuperar el arca) para adorar a Dios. Y por sobre todo, era capaz de reconocer su pecado, arrepentirse y pedir perdón.[17]

---

15 1 Samuel 15.13

16 2 Samuel 6.16

17 2 Samuel 12.13

Esa es la clave de un adorador real.

Como adoradores nos es imposible mantener un estándar de perfección, pero lo que sí debemos mantener es un alto nivel de intimidad. Una intimidad en la cual diariamente hablemos con Dios y lo escuchemos hablarnos. Una intimidad en la cual cuando nos equivoquemos sintamos que nos arde por dentro hasta que lo confesamos y nos arrepentimos. Una intimidad que nos lleva a que nos importe muy poco mantener nuestra "imagen de adorador" y que nos lleve a esforzarnos en construir una real vida de adoración.

Muchas iglesias y muchos adoradores hablan de "avivamiento", pero pocos parecen vivirlo. Esto es debido a que no se puede vivir un avivamiento, no se puede experimentar la presencia de Dios y su gloria sin estar dispuestos a que nos nos importe el "que dirán".

> Si usted realmente quiere un avivamiento de la gloria de Dios en su iglesia y en su ciudad, tendrá que olvidarse de la opinión de todo el mundo excepto de la opinión de Dios. Debemos olvidar opiniones y de la aprobación o censura de las personas. Necesitamos olvidar que actitud tienen, olvidar lo que dicen y olvidar lo que piensan. Solo una opinión importa.[18]

---

18 Tommy Tenney, *La casa Favorita de Dios* (Miami: Unilit, 2000), pág. 74

Rezagos de intimidad

Uno de los grandes problemas que hay entre adoradores es que lo externo es o muy fácil de aprender (como vimos anteriormente) o muy fácil de recordar.

Es decir, tal vez no se esté imitando a otro adorador, pero tal vez, haya habido un quiebre en la vida de uno, haya habido un pecado, o simplemente una falta de intimidad con Dios y el único que lo percibe es ese adorador. Por fuera sigue todo igual. Canta igual, toca el instrumento igual, levanta las manos igual, pero algo falta, algo se quebró, algo ya no está.

Lo que le queda al adorador en esta instancia son "rezagos de intimidad", recuerdos de lo que era antes, costumbres de cuando sí tenía intimidad con Dios. El problema es que lo exterior como ya sabemos no hace al adorador y eso tarde o temprano comienza a percibirse. Cuando el adorador ha quebrado su relación con Dios, puede que no el primer culto, o el segundo, pero en algún momento se va a percibir que ese adorador ya no es el mismo.

Debemos recordar en todo momento que lo que sustenta nuestra adoración no son cuestiones externas, sino que está sustentado por el Espíritu Santo, y si el Espíritu Santo esta triste, apagado dentro nuestro, entonces no habrá una real adoración.

Si lo que quedó es un rezago de viejos avivamientos de adoración entonces eso ya se ha transformado en un "show" y ha dejado de ser intimidad.

En ocasiones no solamente un adorador atraviesa esta situación, sino un equipo entero y en ocasiones hasta iglesias completas viven de "rezagos" de lo que experimentaron antes. Saben que ya no sienten la presencia de Dios como antes, saben que hay mucho más, pero simplemente les es muy difícil admitir sus errores y pecados y volver al lugar de intimidad con Dios.

La buena noticia es que Dios no es rencoroso. Basta con sólo un momento de pedir perdón, de reconocer la necesidad de su presencia y de lo lejos que estamos para que Dios rompa la barrera del pecado y nos lleve a su intimidad nuevamente.

7 | ¿Espectáculo o ambientación?

Este capítulo final está relacionado con el anterior pero con unos matices muy importantes de diferencia, que tienen que ver con las formas.

Hay un dicho que dice "sobre gustos no hay nada escrito" y con eso hace referencia a la subjetividad de las elecciones en cuestiones particulares. Es decir, que cada uno puede hacer algo, o elegir algo y está bien, en tanto es su forma, su elección y no tiene porque ser la misma que la mía. En adoración sucede algo parecido.

Recordemos que las formas en sí no son las relevantes y como Jesucristo mismo lo dijo cuando hablaba de adoración, que unos adoraban en un monte, y otros en otro, pero que eso iba a dejar de ser así, porque la real adoración es la que se hace a través del Espíritu Santo.

No se trata de formas, si levantamos las manos, o somos "solemnes". Se trata de que esa adoración este centrada en una real experiencia con Dios a través de su Espíritu.

Recordemos también que dijimos que no importa el tipo de director que haya o si los instrumentos están desafinados u otras cosas que puedan estar sucediendo, igual debemos adorar.

Sin embargo, en las experiencias eclesiales de adoración influye mucho la ambientación. El tiempo de adoración puede ser más sencillo para algunos que para otros. Algunas personas pueden “involucrarse” más rápidamente a la adoración y olvidarse de todo lo demás, y hay otras personas a las que le cuesta mucho más superar las trabas que se presenten.

Es responsabilidad de toda la iglesia crear un ambiente de adoración.

Aspecto interior y exterior

En cuanto al aspecto exterior, es uno de las más descuidados pero también uno de los más importantes. Si el templo esta desordenado, si hay celulares sonando, si la música está muy fuerte o si hay algún tipo de distracción, esto va a dificultar el tiempo de encuentro con Dios. Toda la iglesia deberá prepararse para este tiempo tan importante y tomar todos los recaudos necesarios *antes* de que comience: pedir que apaguen los celulares, tener todo ordenado y limpio y cosas por el estilo.

Algunos pueden objetar que aquellos que no puedan adorar, para dar un ejemplo simple, por ver el pulpito fuera de lugar, entonces es porque no son buenos adoradores. Puede ser, es posible que un adorador profundo pueda pasar este tipo de cosas por alto. Pero no olvidemos que el apóstol Pablo nos habló de cuidar a nuestros hermanos de las posibilidades de caer: si algo es de tropiezo para otro, simplemente no lo hagamos.[19]

Algo que puede parecer ridículo pero no lo es: si una chica va a dirigir el momento de adoración y se viste provocativamente tiene que entender que esto puede perturbar tanto a hermanos como a hermanas. Si el hermano que va a dirigir la adoración este domingo decidió teñirse el pelo de violeta, peinarlo al estilo punk y ponerse tres aros en la nariz tiene que entender que eso seguramente va a perturbar a más de un hermano.

No es tema aquí de discusión si debe o no teñirse el pelo o ponerse el aro, pero cada ministro tiene una responsabilidad: velar para que toda la iglesia pueda entrar *sin estorbo* en la presencia de Dios y esto tiene que oriente sus acciones.

En cuanto al aspecto interior esto tiene que ver con una sed de adoración. Debemos ir a la reunión con expectativas de lo que Dios va a hacer y con un deseo profundo de expresarle nuestro amor junto a la comunidad de fe. Esto también es responsabilidad de toda la iglesia.

La sed de la adoración es algo muy curioso, puede apagarse fácilmente con cosas que finalmente no nos sacian.

La sed de la adoración es algo muy curioso, puede apagarse fácilmente con otras cosas que finalmente no nos sa-

19 1 Corintios 8.9

cian. Es como tener mucha pero mucha sed y para eso tomar Coca-Cola. Sabemos que la Coca-Cola no nos quitará la sed, pero nos sacia por el momento. Muchas veces saciamos nuestra sed con otras cosas y cuando llega el momento de adorar a Dios estamos llenos de chatarra y nuestra adoración se apaga.

Debemos fomentar nuestra adoración previamente. Debemos estar cantando en la semana, orando, intimando, hablando con los hermanos, leyendo su palabra y de esta manera prepararnos para la gran experiencia del culto en la que todos juntos como iglesia entraremos a la presencia de Dios y cosas grandes sucederán.

Para esto tiene que haber un ambiente de fe y de adoración. Dios no se va a mover en medio de una iglesia que no tiene expectativas. Si no vamos esperando que Dios se mueva y que haga milagros en el tiempo de la adoración, posiblemente nada va a pasar. Pero si nuestro corazón esta rebosando de deseo, de sed por adorarlo y toda la comunidad de fe está en la misma situación, entonces ese culto será algo memorable, será un tiempo de comunión con Dios y de milagros potentes.

Preparemos nuestros corazones y enseñemos a la iglesia a preparar los suyos para este momento, no se trata de hacer un espectáculo, no se trata de "mostrar" algo, se trata de preparar el ambiente para que Dios se sienta cómodo de estar entre nosotros, se trata de prepararle un lugar a Dios para que tome el control de la reunión.

Un ambiente de santidad, de fe, un ambiente de oración, de comunión, de paz, de amor no fingido, este tipo de ambiente es en el que Dios espera moverse en nuestras reuniones, es la clase de iglesia a la que el le gusta visitar y en el medio de este ambiente preparémonos para ver milagros y ver como encontrarnos con Dios en la adoración transforma la iglesia y nuestras vidas.

Me quiero bautizar ¿charlamos?

¡Qué bueno es tomar la decisión de bautizarse!

El bautismo es algo sencillo pero a la vez muy importante

La propuesta de este material es ayudar a los nuevos creyentes a comprender este importante paso.

Nueva Formación Bíblica

Para adolescentes, jóvenes y adultos

Nueve manuales en los que estudian porciones de uno de los siguientes libros:

- Proverbios
- Esdras y Nehemías
- Éxodo
- Josué
- Hechos
- Marcos
- Cartas pastorales
- Isaías
- Hebreos

Cada manual contiene:

- 13 encuentros semanales.
- Hojas de actividades fotocopiables para los participantes.
- Un artículo de capacitación para líderes.
- Ideas prácticas para el desarrollo del encuentro en células, grupos pequeños o clase de escuela bíblica.
- Sugerencias devocionales.

Red Nacional
de Maestros
de la Biblia

Más info: educacioncris@gmail.com

Héroes

Para niños entre 6 y 12 años.

Nueve manuales en los que conocen uno de los siguientes héroes de la fe: Josué y Caleb, Salomón, Elías y Eliseo, Daniel, Esdras y Nehemías, Familias de amigos de Jesús, Juan, Mateo, Felipe y Marcos, y Pablo.

Cada manual contiene:

- 13 encuentros semanales.
- Hojas de actividades fotocopiables para los participantes.
- Un artículo de capacitación para líderes.
- Ideas prácticas para el desarrollo del encuentro en células, grupos pequeños o clase de escuela bíblica.
- Sugerencias devocionales.

Red Nacional
de Maestros
de la Biblia

Más info: educacioncris@gmail.com

Pasito a paso

Para niños hasta 6 años.

Nueve manuales en los que conocen diferentes relatos bíblicos sobre la Biblia, el amor de Dios, la confianza en Dios, valores, familia, Jesús y evangelización.

Cada manual contiene:

- 13 encuentros semanales.
- Hojas de actividades fotocopiables para los participantes.
- Un artículo de capacitación para líderes.
- Ideas prácticas para el desarrollo del encuentro en células, grupos pequeños o clase de escuela bíblica.
- Sugerencias devocionales.

Más info: educacioncris@gmail.com

Printed by Books on Demand GmbH, Norderstedt / Germany